AF586407

RAPPORT

SUR LE NOUVEAU PROJET DE LOI,

RELATIF AU

TRAVAIL DES ENFANTS

DANS LES MANUFACTURES,

USINES, CHANTIERS ET ATELIERS,

PRÉSENTÉ A LA

CHAMBRE DE COMMERCE DE NIMES,

PAR

M. LÉONCE CURNIER,

LE 18 DÉCEMBRE 1847.

NIMES,

TYPOGRAPHIE ET LITH. SOUSTELLE-GAUDE,

BOULEVART SAINT-ANTOINE, 9.

1848

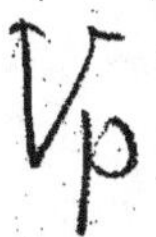

RAPPORT

SUR LE NOUVEAU PROJET DE LOI,

RELATIF AU

TRAVAIL DES ENFANTS.

Messieurs,

Par votre délibération du 10 novembre dernier, vous m'avez chargé d'étudier le nouveau projet de loi relatif au travail des enfants dans les manufactures, usines, chantiers et ateliers, que M. le Ministre du Commerce à soumis à votre examen, et de recueillir les renseignements nécessaires pour vous mettre à même de répondre aux diverses questions contenues dans sa lettre du 21 octobre. Je viens vous rendre compte du mandat que vous m'avez confié. Je n'ose me flatter, Messieurs, de l'avoir rempli avec succès; mais animé du désir d'être utile, j'ai apporté dans l'accomplissement d'une tâche aussi sérieuse tout le zèle que peuvent inspirer l'importance vivement sentie d'un sujet qui se rattache, par les liens les plus étroits, aux plus graves intérêts du pays, et une profonde pitié pour des souffrances que tous les amis de l'humanité ont à cœur de soulager.

LÉGISLATION ACTUELLE.

Et d'abord, Messieurs, jetons un coup d'œil sur la législation qu'il s'agit de remanier, et sur les circonstances qui l'ont amenée, afin que, pénétrés de l'esprit qui l'a dictée, vous puissiez mieux apprécier les modifications qu'on veut lui faire subir.

Depuis long-temps des voix généreuses s'étaient élevées contre l'emploi désordonné des enfants dans les manufactures, dans celles surtout où des moteurs infatigables étant les principaux agents de la production, l'ouvrier n'est en quelque sorte qu'un accessoire plus ou moins sacrifié aux forces empruntées à la nature inanimée ; elles avaient réclamé l'intervention de la loi pour mettre un terme à des abus dont les conséquences étaient si funestes au point de vue physique, intellectuel et moral, et qu'il fallait regarder comme la cause première du déplorable spectacle qu'offrait la population des grands centres d'industrie.

Accablés dès l'âge de 6 ans sous le poids d'un pénible labeur qui leur laissant à peine quelques heures de repos, tarissait bientôt en eux la source de la santé et de la vie, ces malheureuses victimes d'une cupidité sans frein, ou plutôt des cruelles exigences de cette concurrence excessive, qui prend chaque jour une extension nouvelle, et brise aveuglément tant d'existences dans le mouvement irrésistible qui l'entraîne, étaient comme fatalement condamnées à l'ignorance et à tous les vices d'une corruption précoce.

En Angleterre, cette odieuse exploitation de l'enfance avait fait de tels progrès, et avait pris un tel caractère de gravité que dans les districts manufacturiers, il était constaté que la moitié des jeunes travailleurs mouraient avant d'avoir atteint leur dixième année, et qu'un célèbre publiciste, frappé de l'immoralité des enfants employés dans les nombreuses filatures du Lancastre, les appelaient dans son énergique langage : *Une fabrique ambulante de criminels.*

De l'excès du mal devait enfin naître le remède.

C'est en Angleterre que parut la première loi protectrice de l'enfance.

Le bill de 1802 interdisait le travail de nuit aux apprentis âgés de moins de 16 ans, dans les usines à moteur mécanique, ne permettait de les faire travailler pendant le jour que 12 heures, et déterminait le temps qui devait être spécialement consacré à leur instruction.

Malgré les plus vives résistances, le parlement anglais n'a pas cessé depuis d'avancer d'un pas ferme dans cette voie réparatrice, et avant que la France ne s'émût à son tour, sur la proposition des hommes d'État les plus éminents, plusieurs bills successifs, dont le plus important était sans contredit celui de 1833, avaient considérablement étendu les prescriptions tutélaires de la loi.

L'innovation la plus remarquable, due au bill de 1833, consistait dans la distinction de deux catégories, suivant les forces du jeune âge. Sous le titre d'adolescents, il comprenait les jeunes ouvriers de 18 à 13 ans, et sous le titre d'enfants ceux qui avaient moins de 13 ans, et il défendait d'exiger des premiers plus de 11 heures 1/2 de travail par jour, et des seconds plus de 8 heures.

De 1835 à 1839, la Confédération Germanique suivit l'exemple que l'Angleterre avait donné aux nations industrielles. La Prusse, l'Autriche et la Bavière, imposèrent de sages limites au travail des enfants par des règlements qui témoignaient d'une noble et touchante sollicitude pour l'amélioration matérielle et morale de cette partie si intéressante des classes laborieuses.

C'était la première fois peut-être que la France, cette terre classique des idées généreuses et des sentiments élevés, restait en arrière dans une question d'humanité et de civilisation.

Il est vrai, disons-le à l'honneur de l'industrie française, que le mal était loin d'y avoir atteint ces effrayantes proportions qui, chez les Anglais, avaient amené une réaction salutaire, et que la nécessité d'une répression sévère et immédiate s'y faisait moins sentir.

Cependant de trop graves abus avaient été signalés, pour que l'opinion pût demeurer indifférente.

Les conseils des manufactures, du commerce et de l'agriculture, qui sont en quelque sorte les Etats-Généraux de l'industrie, furent les premiers à reconnaître qu'il était urgent d'opérer une réforme.

Des pétitions adressées aux Chambres par des sociétés philantropiques et en particulier par la société industrielle de Mulhouse composée des manufacturiers les plus distingués de l'Alsace, provoquèrent en 1839 des mesures législatives trop long-temps différées, et au commencement de la session de 1840, le gouvernement présenta à la Chambre des Pairs un projet de loi qui avait pour but de satisfaire au vœu de l'opinion publique.

Le problème que la loi était appelée à résoudre, offrait d'immenses difficultés. Il s'agissait, en effet, de concilier le respect dû à la liberté du travail, précieuse conquête des temps modernes, avec les justes exigences de l'humanité; il s'agissait de prémunir la génération naissante contre les effets désastreux d'un labeur prématuré, d'une part sans nuire par de trop gênantes restrictions à la prospérité de l'industrie nationale, et de l'autre sans diminuer par une protection exagérée, qui ne serait au fond qu'une inutile rigueur, les ressources déjà si restreintes de la famille. Il s'agissait, enfin, de réprimer les excès de la puissance paternelle sans porter atteinte au sein du foyer domestique, à cette autorité sacrée qui est la base de l'édifice social.

Le projet du Gouvernement n'abordait pas ces difficultés ; il se bornait à demander aux Chambres de consacrer le principe de la répression de tout emploi abusif des enfants au-dessous de 16 ans, qui ferait obstacle au développement de leurs facultés physiques et morales, de lui confier le soin de faire des règlements d'administration publique qui seraient appropriés à la variété des usages et des besoins, des climats et des industries, et de déterminer les peines qui devraient être appliquées aux contraventions. Il avait paru au Gouvernement que, dans une matière aussi nouvelle, il convenait de procéder par voie d'expérimentation, et qu'il ne fallait pas faire entendre le langage solennel de la loi, avant d'avoir exploré le terrain, reconnu les différences dont on devait tenir compte, recueilli, enfin, les renseignements d'une première épreuve.

La Chambre des Pairs voulut que la loi ne s'en tînt pas à des déclarations purement théoriques, et qu'elle posât des règles précises sur quelques points fondamentaux. Elle pensa que le pouvoir administratif, privé de l'autorité si puissante de la loi, ne saurait parler ni assez haut, ni d'une voix assez ferme pour être sérieusement obéi, pour vaincre la résistance des influences locales qui paralyserait ses efforts; que, d'ailleurs, la diversité des règlements créerait de fâcheuses inégalités, et que des industries de même nature se trouveraient exposées à être régies par des dispositions dissemblables, parce qu'elles appartiendraient à des départements distincts ; ce qui serait contraire aux justes conditions de la concurrence.

Elle fixa le minimum de l'âge d'admission des enfants, et la durée du travail, leur imposa l'obligation des livrets; ensuite elle délégua au Gouvernement le droit d'élever dans certains cas les prohibitions de la loi ou d'en agrandir le cercle.

La commission de la Chambre des Députés adopta le système de la Chambre des Pairs auquel le Ministre du Commerce avait pleinement adhéré.

Dans l'intervalle de deux sessions, les chambres de commerce, les chambres consultatives des arts et manufactures, les conseils de prud'hommes, furent appelés à émettre leur avis sur le projet de loi si longuement élaboré au sein des assemblées législatives. Une imposante majorité dont la Chambre de Commerce de Nimes faisait partie, en approuva les principales dispositions ; noble exemple de désintéressement dont nous sommes fiers pour notre pays.

La Chambre des Députés ne fit en quelque sorte que sanctionner de son vote le résumé des vœux des représentants naturels de l'industrie française.

Voici le texte de cette loi, fruit des études les plus approfondies et des discussions les plus savantes, et que l'on pouvait alors regarder comme l'expression exacte de l'opinion des hommes les plus compétents sur les conditions auxquelles il était tout à la fois possible et juste de soumettre le travail des enfants :

LOI DU 22 mars 1841.

Sur le travail des enfants dans les manufactures.

« Art. 1.er Les enfants ne pourront être employés que sous les conditions déterminées par la présente loi :

» 1.° Dans les manufactures, usines et ateliers à moteur mécanique ou à feu continu, et dans leurs dépendances :

» 2.° Dans toute fabrique occupant plus de vingt ouvriers réunis en atelier.

» Art. 2. Les enfants devront, pour être admis, avoir au moins huit ans.

» De huit a douze ans, ils ne pourront être employés au travail effectif plus de huit heures sur vingt-quatre, divisées par un repos.

» De douze à seize ans, ils ne pourront être employés au travail effectif plus de douze heures sur vingt-quatre, divisées par des repos.

» Ce travail ne pourra avoir lieu que de cinq heures du matin à neuf heures du soir.

» L'âge des enfants sera constaté par un certificat délivré sur papier non timbré et sans frais par l'officier de l'état-civil.

» Art. 3. Tout travail entre neuf heures du soir et cinq heures du matin est considéré comme travail de nuit.

» Tout travail de nuit est interdit pour les enfants au-dessous de treize ans.

» Si la conséquence du chômage d'un moteur hydraulique ou des réparations urgentes l'exigent, les enfants au-dessus de treize ans pourront travailler la nuit, en comptant deux heures pour trois, entre neuf heures du soir et cinq heures du matin.

» Un travail de nuit des enfants ayant plus de treize ans, pareillement supputé, sera toléré, s'il est reconnu indispensable dans les établissements à feu continu, dont la marche ne peut pas être suspendue pendant le cours des vingt-quatre heures.

» Art. 4. Les enfants au-dessous de seize ans ne pourront être employés les dimanches et jours de fête reconnus par la loi.

» Art. 5. Nul enfant, âgé de moins de douze ans, ne pourra être admis qu'autant que ses parents ou tuteurs justifieront qu'il fréquente actuellement une des écoles publiques ou privées existant dans la localité. Tout enfant admis devra, jusqu'à l'âge de douze ans, suivre une école.

» Les enfants, âgés de plus de douze ans, seront dispensés de suivre une école, lorsqu'un certificat donné par le maire de leur résidence attestera qu'ils ont reçu l'instruction primaire élémentaire.

» Art. 6. Les maires seront tenus de délivrer au père, à la mère ou au tuteur, un livret sur lequel seront portés l'âge, le nom, les prénoms, le lieu de naissance et le domicile de l'enfant et le temps pendant lequel il aurait suivi l'enseignement primaire.

» Les chefs d'établissements inscriront :

» 1.° Sur le livret de chaque enfant la date de son entrée dans l'établissement et sa sortie ;

» 2.° Sur un registre spécial, toutes les indications mentionnées au présent article.

» Art. 7. Des règlements d'administration publique pourront :

» 1.° Etendre à des manufactures, usines ou ateliers, autres que ceux qui sont mentionnés dans l'article 1.er l'application des dispositions de la présente loi ;

» 2.° Elever le minimum de l'âge et réduire la durée du travail déterminés dans les articles 2 et 3, à l'égard des genres d'industrie où le labeur des enfants excèderait leurs forces et compromettrait leur santé !

» 3.° Déterminer les fabriques où, pour cause de danger ou d'insalubrité, les enfants au-dessous de seize ans ne pourront point être employés ;

» 4.° Interdire aux enfants, dans les ateliers où ils sont admis, certains genres de travaux dangereux ou nuisibles ;

» 5.° Statuer sur les travaux indispensables à tolérer de la part des enfants, les dimanches et fêtes, dans les usines à feu continu ;

» 6.° Statuer sur les cas de travail de nuit prévus par l'article 3.

» Art. 8. Des règlements d'administration publique devront :

» 1.° Pourvoir aux mesures nécessaires à l'exécution de la présente loi ;

» 2.° Assurer le maintien des bonnes mœurs et de la décence publique dans les ateliers, usines et manufactures ;

» 3.° Assurer l'instruction primaire et l'enseignement religieux des enfants ;

» 4.° Empêcher, à l'égard des enfants, tout mauvais traitement et tout châtiment abusif ;

» 5.° Assurer les conditions de salubrité et de sûreté nécessaires à la vie et à la santé des enfants.

» Art. 9. Les chefs des établissements devront faire afficher dans chaque atelier avec la présente loi et les règlements d'administration publique qui y sont relatifs, les règlements intérieurs qu'ils seront tenus de faire pour en assurer l'exécution.

» Art. 10. Le Gouvernement établira des inspections pour surveiller et assurer l'exécution de la présente loi.

» Les inspecteurs pourront, dans chaque établissement, se faire représenter les registres relatifs à l'exécution de la présente loi, les règlements intérieurs, les livrets des enfants, et les enfants eux-mêmes, ils pourront se faire accompagner par un médecin commis par le préfet ou le sous-préfet.

» Art. 11. En cas de contravention, les inspecteurs dresseront des procès-verbaux qui feront foi jusqu'à preuve contraire.

» Art. 12. En cas de contravention à la présente loi ou aux règlements d'administration publique, rendus pour son exécution, les propriétaires ou exploitants des établissements seront traduits devant le juge de paix du canton et punis d'une amende de simple police qui ne pourra excéder 15 fr.

» Les contraventions qui résulteront, soit de l'admission d'enfants au-dessous de l'âge, soit de l'excès de travail, donneront lieu à autant d'amendes qu'il y aura d'enfants indûments admis ou employés, sans que ces amendes réunies puissent s'élever au-dessus de 200 fr.

» S'il y a récidive, les propriétaires ou exploitants des établissements seront traduits devant le tribunal de police correctionnelle et condamnés à une amende de 16 à 100 francs. Dans les cas prévus par le paragraphe second du présent article, les amendes réunies ne pourront jamais excéder 500 fr.

» Il y aura récidive lorsqu'il aura été rendu contre le contrevenant, dans les douze mois précédents, un premier jugement pour contravention à la présente loi ou aux règlements d'administration publique qu'elle autorise.

» Art. 13. La présente loi ne sera obligatoire que six mois après sa promulgation. »

Le projet primitif du Gouvernement embrassait dans sa généralité toutes les industries.

Les Chambres craignant qu'exercée dès le début sur une trop grande échelle, la surveillance ne fut tout à fait illusoire, et que la loi se trouvant par là frappée d'impuissance, son autorité n'en fut affaiblie, en avaient restreint l'application aux établissements industriels de quelque importance où les abus étaient plus apparents et plus saisissables ; et où il était plus facile de les réprimer ; mais elles conféraient au Gouvernement le pouvoir d'étendre successivement l'action de la loi, à mesure que le développement des moyens d'exécution le mettrait à même de le faire avec quelque efficacité. Elles espéraient, en atteignant ce qu'un orateur distingué appelait *l'aristocratie des manufactures*, que l'exemple éclatant qui serait donné d'en haut, ne manquerait pas d'avoir une heureuse influence sur le régime même des petits ateliers; que le bienfait de la loi y pénétrerait ainsi d'une manière indirecte, et que le grand principe de moralité publique qu'elle proclamait, irait y rappeler au père coupable d'abuser des forces de son enfant, la sainteté de ses devoirs. Elles pensaient, d'ailleurs, que la loi devait s'arrêter sur le seuil du foyer de famille, alors même qu'il lui serait aisé de le franchir ; car des considérations de la plus haute gravité lui commandaient de respecter l'intimité du toit domestique, et lui défendaient d'encourager ces délations de l'enfant contre le père, qu'un sentiment impérieux flétrissait comme dénaturées, et dont l'effet le plus certain serait de corrompre les mœurs du peuple, en relâchant des liens qu'il faudrait au contraire s'efforcer de resserrer.

En fixant à 8 ans l'époque de l'admission des enfants dans les manufactures, elles avaient voulu qu'ils pûssent être préparés dès leur jeune âge par un travail modéré à la destinée laborieuse des classes ouvrières, et que de pauvres familles ne fussent pas privées, sans une évidente nécessité, du modique salaire qui aidait à leur subsistance. Elles avaient à cœur de prouver que si à leurs yeux le travail excessif était un mal, le travail modéré était réellement un bien qui préservait l'enfant des dangers du vagabondage, lui faisait contracter de bonne heure des habitudes régulières, et le formait insensiblement, et comme sans effort, à l'exercice d'une profession qui assurât plus tard son existence.

En établissant deux catégories pour la durée du travail, conformément au vœu de la nature qui a si bien distingué l'enfance de l'adolescence, elles ne s'étaient pas seulement proposé de proportionner le labeur aux forces de chaque âge ; elles avaient été surtout guidées par le désir de procurer aux jeunes travailleurs le bienfait de l'instruction et celui de l'éducation religieuse, qui doit toujours en être inséparable ; et c'est dans ce but qu'elles avaient réservé en dehors des heures de travail, un temps suffisant pour leur permettre de fréquenter les écoles avec fruit, dans les seules années de la vie, que de pauvres enfants, condamnés à gagner leur pain à la sueur de leur front, pussent consacrer à la culture de leur intelligence. Ce désir respirait au plus haut degré dans les discours des défenseurs de la loi, et c'était là ce qui avait donné à ces discussions solennelles, ce caractère d'élévation, qui est propre à tout ce qui touche à la grande question de la moralisation du peuple. Les hommes les plus éminents des deux Chambres avaient admirablement compris que ce n'était point assez qu'une loi protectrice de l'enfance veillât sur sa conservation, sur sa santé, sur son bien-être, et guérit par là les profondes blessures faites au pays par les déplorables excès qui, en affaiblissant sa population, affaiblissaient aussi sa puissance ; que cette loi devait encore, et par-dessus tout, les faire naître, en quelque sorte, à la vie morale ; qu'il y avait dans ces pauvres petites créatures, faites à l'image de Dieu, une âme qu'il fallait arracher aux ténèbres de l'ignorance, initier à la connaissance de ses devoirs, mettre à l'abri des souillures du vice, et préparer à la pratique des vertus, qui font l'honnête homme et le bon citoyen. La plupart des dispositions de la loi découlaient de cette sainte inspiration du législateur ; elles portaient presque toutes l'empreinte de sa pensée dominante, qui embrassait les intérêts les plus précieux de l'enfance ; et un orateur éloquent, M. de Lamartine, l'exprimait ainsi, d'une manière éclatante, dans son magnifique langage : « Je voterai cette loi avec empres- » sement, parce qu'elle dit à l'ouvrier : Tu ne seras plus » seulement une machine livrée à l'exploitation de l'in- » dustrie, tu ne vivras plus seulement de pain, mais tu » vivras de la parole, de l'instruction religieuse, qui » nourissent ton esprit et ton cœur, et qui font de toi un » être que la cupidité peut chercher à avilir, mais que la » loi doit défendre et que l'ange même doit respecter. » Aussi, Messieurs, tous les amendements qui pouvaient nuire à la complète réalisation d'une pensée si éminemment civilisatrice, avaient-ils été rejetés dans les deux Chambres.

Je ne citerai qu'un seul de ces amendements, que nous retrouverons tout entier dans le nouveau projet de loi.

Quelques membres avaient proposé de reculer jusqu'à 10 ans l'âge d'admission, mais d'établir une durée uniforme de 12 heures pour le travail de tous les enfants de 10 à 16 ans. Ils craignaient, disaient-ils, que la division en catégories n'entraînât de grands embarras dans la pratique ; ils faisaient observer que le travail des enfants, dans le plus grand nombre des manufactures, se liait à celui des adultes, et devait par conséquent avoir la même durée, sous peine de jeter la perturbation dans beaucoup d'industries.

On leur avait répondu que le système des relais réfutait victorieusement cette objection ; que trois enfants travaillant chacun 8 heures par jour, seraient employés concurremment avec deux adultes, travaillant chacun douze heures ; que ce système avait généralement prévalu en Angleterre, où il était depuis long-temps appliqué avec succès ; qu'une durée uniforme offrirait, sans doute, plus de facilités pour l'organisation intérieure des ateliers, mais qu'outre les graves motifs qui ne permettaient pas d'exclure complètement les enfants de 8 à 10 ans, il ne fallait pas perdre de vue, qu'il ne serait pas humain d'assujettir à un labeur de 12 heures ceux de 10 à 12 ans, trop faibles pour le supporter, et que, dès que les inconvénients que l'on signalait, n'allaient pas jusqu'à une véritable impossibilité d'exécution, on devait faire pencher la balance du côté de l'humanité, et maintenir une distinction nécessaire, pour que la santé des jeunes travailleurs n'eût à souffrir aucune atteinte.

On avait encore plus vivement insisté sur les conséquences qui résulteraient d'un pareil amendement, s'il était adopté, sous le rapport de l'instruction des enfants.

Pourrait-on les obliger à suivre les écoles, quand on leur aurait imposé un travail de 12 heures, auxquelles il faudrait ajouter les heures destinées aux repos de la journée, sans compter le temps d'aller de la maison paternelle à la fabrique, et de la fabrique à la maison paternelle, souvent située à une grande distance ? En supposant que les deux années enlevées à l'atelier n'eûssent pas été perdues pour l'école, ce que rien assurément ne saurait garantir, puisque l'autorité publique serait dépourvue de tout moyen d'action, auraient-ils pu seulement acquérir les plus simples notions de l'instruction élémentaire ? Les données de l'expérience permettaient-elles de l'espérer ? Ensuite, n'était-ce pas en général de 10 à 12 ans que commençait sérieusement pour l'enfant l'éducation religieuse, et qu'il se préparait à l'un des actes les plus importants de la vie, à la première communion ?

Développées avec force, ces considérations avaient décidé le vote d'une immense majorité dans les deux Chambres, et ce vote avait été accueilli par les applaudissements de la presse entière.

Evidemment c'était le but moral de la loi qui avait le plus préoccupé le législateur. Comme pour le faire encore mieux comprendre, la commission de la Chambre des Députés avait eu, un instant, la pensée de confier la surveillance des établissements industriels, compris dans le domaine de la loi, aux inspecteurs des écoles primaires, amis naturels de l'enfance, auprès de laquelle ils ont à remplir une si belle mission sociale, et elle avait hautement exprimé, par l'organe de son rapporteur, le regret d'avoir été arrêtée par des obtacles jugés insurmontables.

NOUVEAU PROJET DE LOI PRÉSENTÉ PAR LE GOUVERNEMENT.

J'ai essayé, Messieurs, de vous faire connaître non-seulement le texte, mais l'esprit de la législation qu'il est question de modifier. En quoi consistent ces modifications ? Sur quels motifs sont-elles basées ? C'est ce que nous allons maintenant examiner :

Le nouveau projet de loi du Gouvernement est ainsi conçu :

« Art. 1.er La loi du 22 mars 1841 sera applicable aux
» enfants travaillant dans toutes les manufactures, fabri-
» ques, usines, chantiers et ateliers.

» Art. 2. Le minimum d'âge d'admission des enfants
» dans les manufactures, fabriques, usines, chantiers
» et ateliers, est élevé à 10 ans. Au-dessous de 16

» ans, la durée du travail des enfants ne pourra excéder
» 12 heures sur 24, non compris le temps des repos.

» Art. 3. Tout enfant admis dans les manufactures devra
» jusqu'à l'âge de 12 ans fréquenter une école publique
» ou privée, à moins qu'il ne soit justifié par un certi-
» ficat du maire qu'il a reçu l'instruction élémentaire. »

La loi de 1841 est maintenue dans tout ce qui n'a rien de contraire aux articles ci-dessus.

Il ne s'agit donc de rien moins, Messieurs, que de soumettre aux prescriptions de la loi l'industrie toute entière jusque dans ses plus petites ramifications, de fermer la porte de tous les ateliers, quels qu'ils soient, aux enfants de 8 à 10 ans, de leur interdire tout travail même dans les ateliers de famille, puisque la loi ne fait aucune distinction, enfin de fixer uniformément à 12 heures la journée des jeunes ouvriers de 10 à 16 ans!

Messieurs, j'ai lu avec attention les longs débats qui ont eu lieu à la Chambre des Pairs et à la Chambre des Députés, à l'occasion de la loi de 1841, et j'ai vu qu'il n'était aucune des dispositions de ce nouveau projet de loi, qui ne se fut produite dans la discussion sous forme d'amendement, et qui n'eût été repoussée à une majorité considérable.

L'article 2, vous l'avez sans doute déjà remarqué, n'est que la reproduction exacte de l'amendement dont je vous ai entretenu, amendement que M. le Ministre du Commerce avait alors combattu avec une grande puissance de logique, et que l'autorité que donnaient à ses paroles ses connaissances spéciales et sa vieille expérience, avait tant contribué à faire rejeter.

L'exposé des motifs de M. le Ministre du Commerce renferme-t-il quelque argument nouveau, capable de justifier le changement qui s'est opéré dans ses convictions? Vous allez en juger, Messieurs.

D'abord, M. le Ministre objecte que, par l'effet de la classification actuelle, une foule d'abus échappent à la discipline de la loi, et paralysent son action; qu'il n'est pas juste d'imposer à des fabricants de produits semblables, des prescriptions différentes, selon le nombre des ouvriers qu'ils emploient.

Ensuite il s'étend longuement sur les difficultés que présente l'organisation des relais pour toutes les industries où l'enfant est indispensable à l'adulte, sur les dangers résultant du morcellement de la durée du travail, qui oblige les enfants à quitter l'atelier avant l'heure commune, et les expose à se trouver abandonnés à eux-mêmes dans les rues ou sur les routes, de nuit comme de jour, loin de la surveillance de leurs parents, et à y contracter l'habitude du jeu, de la paresse et du vice.

Mais y a-t-il une seule de ces objections qu'il n'ait réfuté lui-même en 1840 ? Que répondait-il à ceux qui défendaient alors l'opinion qu'il soutient aujourd'hui ? Que sans doute il serait à désirer qu'on put atteindre tous les abus ; qu'il y avait bien sous certains rapports quelque inconvénient à restreindre le domaine de la loi; mais que, tout en admettant le principe, il fallait nécessairement s'arrêter aux limites du possible, et mettre les dispositions de la loi en harmonie avec les moyens d'exécution, sous peine d'en faire une lettre morte qui ne remédierait en rien au mal qu'on voulait guérir ; que, du reste, sur ce point l'article 7 conciliait tout, par la faculté qu'il accordait au Gouvernement ; que pour les relais, nous avions sous les yeux l'exemple d'un pays voisin où, après les avoir long-temps repoussés comme impraticables, les manufacturiers étaient les premiers à s'applaudir de la persévérance que le législateur avait mise à les faire adopter malgré leur violente opposition ; que les dangers du vagabondage seraient bien plus à redouter pour les enfants de 8 à 10 ans, si on les expulsait de l'atelier, puisqu'ils seraient ainsi constamment éloignés de leurs parents, que si on leur permettait de travailler à côté d'eux une partie de la journée.

Toutes ces considérations ont-elles moins de force aujourd'hui qu'elles n'en avaient à cette époque ?

M. le Ministre ajoute, il est vrai, qu'une expérience de 6 années a révélé les imperfections de la loi ; mais cette expérience peut-elle être sérieusement invoquée ? Depuis la promulgation de la loi, le Gouvernement a-t-il pris les mesures nécessaires pour triompher dans l'application des résistances auxquelles il devait s'attendre ? A-t-il convenablement organisé la surveillance ? Avant de se décider à proposer aux Chambres d'aussi importantes innovations, s'est-il servi du pouvoir fort étendu qui lui avait été laissé, pour faire quelques essais intermédiaires, qui pussent l'éclairer sur la convenance ou la possibilité de certaines réformes, et ménager au moins les transitions ? Non, Messieurs, l'enquête à laquelle s'est livrée la commission de la Chambre des Pairs a prouvé, ainsi qu'elle le constate dans son remarquable rapport, que le gouvernement était loin d'avoir rempli les devoirs que le législateur lui avait imposés, et qu'il ne fallait pas assurément regarder comme décisive l'épreuve si incomplète à laquelle la loi avait été soumise jusqu'à ce jour.

PROJET DE LA COMMISSION DE LA CHAMBRE DES PAIRS.

Cette commission, qui comptait parmi ses membres le Maire de notre ville, a refusé, d'un accord unanime, de donner son adhésion au nouveau système de M. le Ministre du Commerce; elle n'y a vu en réalité qu'un pas rétrograde dans la voie de la protection caché sous les apparents avantages d'une application générale, universelle de la loi, qu'une concession arrachée par des réclamations trop intéressées pour être si facilement admises; aussi a-t-elle maintenu les prescriptions tutélaires de la loi de 1841, et elle l'a considérablement améliorée en y ajoutant une disposition qu'elle a empruntée au bill voté par le parlement anglais en 1844. Cette disposition concerne les femmes et les filles âgées de plus de 16 ans, qu'elle est destinée à protéger, et qu'elle assimile dans ce but aux adolescents dont on ne peut exiger que 12 heures de travail.

Avant de se prononcer contre le projet de loi du Gouvernement, la commission a entendu les principaux industriels de nos départements les plus manufacturiers. Ils ont déclaré qu'en général la loi n'était pas exécutée, et il en est parmi eux qui ont reconnu, contrairement il est vrai, à l'opinion exprimée par le plus grand nombre, qu'elle n'était point inexécutable, et que les ateliers pouvaient marcher parfaitement avec des relais de jeunes ouvriers; or, dans une question où l'intérêt privé est si fortement engagé que l'unanimité des plaintes les plus énergiques devrait encore inspirer quelque défiance, un pareil témoignage suffit pour détruire les plus graves reproches dont la loi de 1841 ait été l'objet. Tous ont demandé que le cercle de la loi fut élargi et que désormais, au lieu de s'arrêter aux fabriques occupant plus de vingt ouvriers, elle embrassât jusqu'aux moindres ateliers, à l'exception toutefois des ateliers de famille, afin que les conditions du travail fussent les mêmes pour tous, et que nul n'eût en quelque sorte le triste privilége d'exploiter impunément l'enfance et de se donner par là un injuste avantage sur ses concurrents.

La commission a satisfait à ce vœu, autant que la prudence le lui permettait; elle a étendu l'action de la loi aux manufactures, usines, chantiers ou ateliers, possédant au moins dix ouvriers de tout âge et de tout sexe, ou cinq personnes appartenant aux catégories protégées, enfants, adolescents ou femmes. Elle a pensé qu'elle ne devait pas raisonnablement aller au delà, en présence surtout de l'impuissance que l'administration venait de montrer dans la mise en vigueur de la loi, alors que les établissements à surveiller étaient peu nombreux et que, par leur importance, ils pouvaient le moins échapper à à son contrôle.

La commission a de plus décidé, afin de remédier à un inconvénient grave qui lui avait été signalé, qu'à l'avenir tout atelier où dans un moment quelconque on emploierait assez d'ouvriers pour qu'il fut soumis à la loi, y resterait assujetti pendant une année, quel que fût le nombre de ceux, hommes, femmes ou enfants, qu'il plairait au manufacturier de congédier dans l'intervalle.

Quant à l'âge d'admission, et à la durée du travail, elle n'a voulu modifier en rien la loi de 1841 ; elle a refusé d'y introduire la plus légère aggravation, malgré l'insistance de M. le Ministre du Commerce pour obtenir quelque concession à cet égard, en proposant, comme moyen terme, soit d'augmenter de 2 heures la journée des enfants de 10 à 12 ans, et de l'élever, par conséquent, de 8 heures à 10 heures, soit de comprendre les enfants de 11 ans dans la catégorie des adolescents.

La première de ces deux propositions a paru à la commission un puissant argument contre l'impossibilité des séries ; d'après ce système, en effet, il y aurait trois catégories de jeunes travailleurs et trois longueurs de journée au lieu de deux, trois longueurs disparates qu'il serait bien plus difficile de combiner avec celle de la journée des adultes.

La commission a ensuite porté plus particulièrement encore son attention sur la partie de la loi relative à l'instruction primaire et à l'éducation religieuse des enfants ; non-seulement elle a continué de rendre obligatoire pour les enfants de 8 à 12 ans la fréquentation des écoles ; mais elle s'est de plus attachée à mettre les adolescents à même de conserver le fruit de cette fréquentation qui serait pour eux d'une bien faible utilité, si, dès l'âge de douze ans, ils renonçaient à toute culture intellectuelle. Elle a réduit dans ce but la durée de leur labeur à 11 heures pendant trois jours ouvrables de la semaine ; l'heure de travail supprimée devra faire partie du temps consacré à leur instruction.

Une classe du dimanche à laquelle ils seront tenus d'assister, aussi bien que les enfants de la première catégorie, aura lieu pour l'enseignement religieux.

La loi de 1841 confiait au Gouvernement le soin d'assurer la réalisation du vœu le plus cher du législateur par des règlements d'administration publique qui auraient coordonné le temps du travail et celui de l'étude. Le Gouvernement n'ayant rien fait dans l'espace de 6 années pour obéir aux prescriptions de la loi, la commission a fixé cette fois le délai dans lequel ces règlements, concertés entre le Ministre du Commerce et le Ministre de l'Instruction Publique, devraient être publiés ; ce délai est d'une année à partir de la promulgation de la loi.

Enfin, la commission s'est occupée d'établir sur de nouvelles bases les moyens de surveillance dont l'insuffisance bien reconnue avait été une des principales causes de l'inexécution de la loi.

Profitant de l'expérience de l'Angleterre, qui n'a dû le tardif succès qu'elle a obtenu dans l'application du bill protecteur de l'enfance, qu'à la création d'inspecteurs puissants indépendants, respectés, capables de s'élever au-dessus des passions des localités, dignes en un mot de personnifier en eux l'humanité de la loi, et son autorité suprême, elle propose d'instituer quatre inspecteurs-généraux qui seraient chargés d'inspecter chacun annuellement les manufactures, usines et ateliers, d'un quart du royaume, de telle sorte que, par l'effet d'une rotation régulière, ils fussent appelés à visiter successivement dans une période de 4 ans tous les établissements industriels de la France. Ces inspecteurs-généraux auraient sous leurs ordres autant d'inspecteurs divisionnaires qui exerceraient une surveillance plus immédiate et plus fréquente. Dans chaque ville importante, au centre de chaque industrie disséminée dans les campagnes circonvoisines, on formerait un comité d'inspection locale composé de personnes notables et principalement d'anciens manufacturiers dont la spécialité garantirait l'application intelligente de la loi. C'est aux préfets qu'appartiendrait la nomination des membres de ces comités, qui recevraient leur direction des inspecteurs-généraux ou divisionnaires. A cette utile institution dont la Prusse nous offre le modèle, et qui produit chez elle les plus heureux effets, le Gouvernement pourrait, quand il le jugerait convenable, attacher, au moins dans les grandes cités manufacturières, un agent de l'administration qui représenterait directement l'action publique.

Les inspecteurs-généraux seraient tenus de rédiger, tous les ans, un rapport contenant les observations qu'ils auraient recueillies, et ce rapport serait publié en entier pour être distribué aux membres des deux Chambres dès l'ouverture de la session.

La commission, frappée du bien opéré dans la capitale par des sociétés de patronage, voudrait que ces sociétés pussent être autorisées sur la proposition des inspecteurs-généraux, par voie de règlement d'administration publique et avec tous les droits qui s'ensuivent, à concourir en quelque manière, de concert avec les comités, à l'accomplissement de l'œuvre bienfaisante du législateur.

Telles sont à-peu-près, Messieurs, les dispositions du projet amendé par la commission de la Chambre des Pairs; elles me semblent toutes empreintes de la plus haute sagesse; elles concilient très bien, selon moi, les droits du travail et ceux de l'humanité; elles combinent de la manière la plus heureuse pour l'enfance le labeur modéré et l'étude modérée; elles lui assurent enfin une protection efficace, et les inappréciables avantages d'une éducation qui non-seulement développe l'intelligence, mais encore forme le cœur.

En vain reprocherait on à la commission de la Chambre des Pairs de n'avoir pas suffisamment tenu compte des intérêts de l'industrie notionale, dont la prospérité est si intimément liée à celle du pays ainsi qu'au bien-être des classes ouvrières. En vain prétendrait-on qu'elle compromet son avenir en lui imposant des restrictions qui ne lui permettraient pas de lutter contre la concurrence étrangère. Pour apprécier la valeur de cette assertion, nous n'avons, Messieurs, qu'à jeter les yeux sur les diverses législations qui régissent le travail des enfants dans les manufactures chez les nations rivales de la France; nous verrons qu'elles sont toutes plus sévères que la nôtre.

En Prusse, le maximum de la durée du travail de l'adolescent de 12 à 16 ans est seulement de 10 heures, tandis que chez nous il s'élève jusqu'à 12. Et pourtant la Prusse est un pays manufacturier de fraîche date; la France l'avait précédée dans la carrière de l'industrie, et nous ne sachons pas qu'elle l'ait encore dépassée.

En Angleterre, le travail de 12 heures ne peut atteindre l'adolescent qu'à 13 ans, et il est protégé jusqu'à 18; chez nous, il l'atteint à 12, et la loi ne le protége que jusqu'à 16.

En Angleterre, le travail de nuit lui est absolument interdit; chez nous, il lui est permis dans certains cas déterminés par la loi.

En Angleterre, depuis 1844, la journée des enfants a été réduite à 6 heures et demie; en France, elle est fixée à 8 heures, et on parle de l'augmenter! Ainsi, Messieurs, si le projet du Gouvernement était adopté, les enfants de 10 à 12 ans travailleraient chez nous cinq heures et demie de plus par jour que chez nos voisins!

Nous pourrions pousser plus loin ce curieux parallèle: mais nous croyons en avoir dit assez pour vous montrer ce qu'il faut penser de l'argument tiré des prétendues nécessités de la concurrence. Ajoutons cependant que la législation anglaise qui a été remaniée huit fois dans l'espace de 45 ans, et toujours dans un sens favorable à l'enfance, est encore sur le point de devenir plus libérale. Or, vous savez, Messieurs, si l'Angleterre est jalouse de conserver cette suprématie industrielle dont le maintien est pour elle une question de vie ou de mort.

La commission de la Chambre des Pairs a senti combien il serait honteux pour la France, pour la France qui s'est toujours glorifiée de marcher à la tête des nations civilisées, d'aggraver le fardeau qui pèse sur les jeunes travailleurs, lorsque les autres peuples s'attachent au au contraire à l'alléger. Elle a compris qu'elle y perdrait quelque chose de ce prestige qui l'environne et qui fait une partie de sa puissance. Graces lui soient rendues, Messieurs, car elle a mérité par là la reconnaissance du pays.

Rendons-lui graces encore d'avoir eu la noble pensée de protéger le sexe le plus faible aussi bien que l'âge le plus tendre. Nous ne saurions trop applaudir, Messieurs, à la disposition qui assimile aux adolescents les femmes et les filles, quel que soit leur âge au-dessus de 16 ans; nous la regardons comme l'heureux complément d'une loi si bienfaisante. Elle aura pour effet, nous l'espérons de mettre un terme à des abus qu'il était d'autant plus urgent de réprimer que les progrès incessants de la mécanique substituant chaque jour de plus en plus dans l'industrie la force inanimée à la force intelligente, il y a tendance à remplacer les hommes par les femmes dont le salaire est toujours moins élevé, et qui, plus souples et plus dociles, doivent naturellement être préférées partout où l'on ne demande à l'ouvrier qu'une main légère ou délicate, ou simplement qu'un œil vigilant.

Un travail trop prolongé pour la femme produit d'aussi déplorables conséquences qu'un labeur prématuré pour l'enfant; en l'exposant à de cruelles maladies qui atteignent surtout les femmes mariées, il attaque même à sa source et dans le présent et dans l'avenir la santé des populations ouvrières, en lui faisant négliger entièrement les soins domestiques et les devoirs les plus sacrés de la mère de famille, il n'est pas moins funeste à leur moralité. C'est sur les genoux de sa mère que l'enfant reçoit ces premières impressions que rien ne saurait effacer et qui influent sur le reste de la vie. La femme, Messieurs, forme en quelque sorte les mœurs de la famille ; on peut dire sans exagération qu'elle la façonne à son image ; c'est en vous plaçant à ce point de vue élevé que vous apprécierez la haute portée de la disposition additionnelle que propose la commission de la Chambre des Pairs, et à laquelle le Gouvernement a adhéré.

Peut-être conviendrait-il d'ajouter quelque chose encore en faveur des femmes nourrices ou plutôt des enfants qu'elles allaitent. On a remarqué que toujours il régnait une grande mortalité parmi les enfants à la mamelle là où les femmes étaient assujetties à un travail qui les tenait long-temps éloignées de leurs nourrissons ou les obligeait à les allaiter dans l'intérieur de l'atelier au milieu d'un atmosphère souvent mal sein. Or, vous connaissez, Messieurs, l'admirable institution des crèches où les soins les plus touchants sont prodigués à l'enfant que sa mère est forcée d'abandonner pendant la journée. Pourquoi le législateur ne ferait-il pas pour la crèche ce qu'il a fait pour l'école ? Pourquoi ne chargerait-il pas les inspecteurs-généraux et divisionnaires, et les comités locaux, de veiller d'abord à ce que des crèches fussent établies pour ainsi dire à côté de chaque manufacture, ensuite à ce que l'entrée de l'atelier fut interdite à tout enfant à la mamelle partout où la crèche suffirait aux besoins de la population, enfin à ce que les heures des repos fussent combinées de telle sorte que l'enfant put recevoir le lait de sa mère aussi souvent que l'exigent les règles d'une bonne hygiène ? Je me contenterai d'indiquer ici cette idée qui mérite, ce me semble, d'être signalée à M. le Ministre du Commerce et à la commission de la Chambre des Pairs ; approfondie par les hommes distingués qui composent cette commission, elle pourra les amener à introduire dans la loi une amélioration de plus.

J'approuve aussi sans réserve tout ce qui, dans le projet de la commission, a rapport à l'organisation des moyens de surveillance, et à l'intervention des société de patronage. J'aime à voir le législateur rendre solennellement hommage à la puissance de l'action morale qu'exercent ces sociétés : je crois, Messieurs, que cette action salutaire est seule capable de faire pénétrer en quelque manière les bienfaits de la loi dans les petits ateliers et surtout dans les ateliers de famille, à l'égard desquels toute mesure coercitive serait selon moi sans efficacité. C'est par la persuasion, par la confiance qu'inspirent insensiblement, à celui qui les reçoit, les témoignages d'une douce bienveillance, par l'influence qui s'attache à l'exemple toujours éloquent d'un dévoùment désintéressé, quelquefois même par un secours donné à propos, que l'on peut espérer d'agir avec quelque succès sur un père en qui la misère ou la cupidité auront étouffé la voix de la nature au point de lui faire escompter froidement l'avenir de son enfant en le livrant pour un modique salaire à des travaux qui l'énervent et le flétrissent ; il se rira de menaces impuissantes ; il finira souvent par écouter les conseils affectueux de la charité qui saura parler à son cœur. Oh ! que l'œuvre de la régénération des classes laborieuses deviendrait facile, si les pauvres enfants que la loi veut protéger, trouvaient chacun pour ainsi dire parmi les privilégiés de la fortune un patron qui fut pour eux comme une seconde providence !

LA LOI CONSIDÉRÉE AU POINT DE VUE DES INTÉRÊTS DE LA LOCALITÉ.

Jusqu'à présent, Messieurs, je n'ai considéré le projet de loi qu'au point de vue des intérêts généraux du pays ; je vais maintenant le considérer au point de vue des intérêts particuliers de la localité dont nous sommes les représentants. Dans cette partie de mon travail, sera naturellement placé ce qui est relatif aux questions spéciales que nous adresse M. le Ministre du Commerce.

Ici, Messieurs, qu'il me soit d'abord permis d'exprimer un regret que vous partagerez sans doute. Si le Gouvernement désireux de faire exécuter la loi de 1841, eût organisé partout la surveillance, et qu'une inspection sérieuse eût constaté dans tous les départements la véritable situation des manufactures, nous n'en serions pas réduits dans cette circonstance à lui transmettre des renseignements recueillis à la hâte et nécessairement incomplets; les détails statistiques qu'il nous demande, auraient pu lui être donnés avec la plus rigoureuse exactitude.

Vous le savez, Messieurs, l'industrie nimoise qui consiste principalement dans la fabrication des châles brochés, des tapis et des tissus de soie, n'est point établie sur les mêmes bases que l'industrie des départements du Nord où le système anglais, le système des grandes manufactures, a depuis long-temps prévalu. Nous n'avons que fort peu d'ateliers auxquels la loi de 1841 et même le projet de la commission de la Chambre des Pairs soient applicables. En général, l'ouvrier nimois travaille sous le toit domestique aidé seulement de sa femme et de ses enfants ; l'instrument du travail lui appartient ; un ou deux métiers, trois ou quatre au plus, à quelques rares exceptions près, forment son patrimoine. Quand le personnel de la famille ne suffit pas pour les faire aller, le chef d'atelier devient en quelque sorte un petit entrepreneur à façon ; il occupe en sous-ordre un, deux, trois ouvriers, appelés *compagnons*, qu'il salarie lui-même, et qui n'ont aucuns rapports avec le fabricant.

Gardons-nous, Messieurs, de nous plaindre de cette organisation, et de regretter pour notre pays ces grandes agglomérations d'ouvriers, où règne presque toujours la plus effrayante immoralité. L'industrie qui s'exerce au coin du foyer paternel, est bien plus favorable à la conservation de l'esprit de famille qui est sans contredit la meilleure sauvegarde des mœurs publiques.

La plupart des métiers exigeant le concours d'un adulte et d'un enfant, un assez grand nombre de jeunes ouvriers désignés vulgairement sous le nom de *lanceurs*, sont employés dans ces petits ateliers. Hâtons-nous d'ajouter que le travail du *lanceur* n'a rien de fatigant par lui-même ; une durée trop prolongée pourrait seule compromettre sa santé ; mais dans Nimes, la journée de l'ouvrier taffetassier ne dépasse pas 12 heures, et ces 12 heures sont divisées par des repos très convenablement répartis.

Je ne saurai déterminer précisément le nombre des lanceurs de 10 à 12 ans, et de ceux de 8 à 10 ans; mais je crois pouvoir affirmer qu'il y en a très peu de la première catégorie, et encore moins de la seconde. J'ai visité presque tous les ateliers compris soit dans le cercle de la loi de 1841, soit dans celui du projet de la commission de la Chambre des Pairs ; sur près de 100 enfants, je n'en ai trouvé que 8 âgés de moins de 12 ans, dont 6 de 11 ans et 2 de 10 ans, et qu'un seul âgé de moins de 10 ans. Je suis arrivé à-peu-près au même résultat dans les ateliers placés en dehors de la loi. Il est vrai qu'il faut tenir compte actuellement de la stagnation des affaires, et que dans les temps de grande activité, le nombre des plus jeunes lanceurs est proportionnellement plus considérable, parce qu'alors il n'est pas rare de voir des enfants de 14 ans commencer à travailler comme *compagnons*, et qu'on est forcé de les remplacer par des enfants moins âgés. Cependant ce qui me porterait à penser que les faits que j'ai constatés, ne sont pas purement exceptionnels, et donnent une idée assez exacte des habitudes de notre classe ouvrière, relativement à l'emploi des enfants, c'est qu'ils s'accordent parfaitement avec un autre fait très remarquable, signalé, il y a déjà longtemps, au sein du conseil municipal, et qui se rapporte à l'état si florissant de nos écoles gratuites, et à la grande extension qu'a prise dans Nimes l'instruction élémentaire. Il a été reconnu que notre ville était une de celles qui comptaient le plus d'enfants dans leurs écoles, et que beaucoup y restaient jusqu'après leur première communion. Or, il me semble qu'il y a une liaison intime entre ce fait et ceux que j'ai recueillis, et qu'ils se confirment en quelque sorte réciproquement.

Disons donc, Messieurs, à l'honneur de notre population si calomniée au dehors, qu'elle ne donne pas, comme tant d'autres, l'affligeant spectacle d'un odieux abus des forces de l'enfance, parce qu'elle sait généralement apprécier le bienfait de l'instruction et de l'éducation religieuse. Je suis heureux d'avoir l'occasion de faire ressortir tout ce qu'il y a de bon sous cette écorce grossière, qui inspire contre elle les plus injustes préventions, et de la venger ainsi des fiers dédains dont elle est encore aujourd'hui l'objet, surtout parmi ces populations du Nord, si orgueilleuses de leur civilisation, qui aboutit en définitive à l'oubli le plus complet des plus saints devoirs de l'humanité !

Ce n'est pas, Messieurs, que je veuille prétendre que chez nous, il n'existe pas dans l'iusdustrie du tissage certains abus du genre de ceux que nous déplorons en ce moment. Je soutiens seulement qu'ils sont tout à la fois et moins graves et plus rares que dans beaucoup d'autres localités. Du reste, quelque légers qu'ils soient, je désirerais vivement qu'il fut possible de les atteindre ; mais pour cela il faudrait, à cause de la dissémination de nos ouvriers, que la loi descendit jusque dans l'atelier de famille, et je n'ai pas besoin de reproduire ici les considérations que j'ai déjà présentées contre ce système, et sur les seuls moyens d'action qui m'aient paru capables de suppléer, dans une certaine mesure, à l'impuissance de la loi à l'égard des petits ateliers.

Dans nos fabriques d'impression sur tissus, les ouvriers sont nécessairement agglomérés, et comme chaque adulte a besoin de l'aide d'un enfant, comme chaque *imprimeur* a son *tireur*, il n'y en a pas une seule qui ne soit atteinte par la loi de 1841, à plus forte raison par le projet de la commission de la Chambre des Pairs. Ici la surveillance serait facile à exercer; la loi pourrait donc intervenir d'une manière utile ; mais cette industrie tend malheureusement à disparaître de notre ville, et les quatre ou cinq fabriques qui sont encore debout, n'ont aujourd'hui qu'un nombre d'ouvriers insignifiant. Si elle venait à se ranimer, et à reprendre son ancienne activité, il y aurait peut-être là quelque chose à faire. Le travail de l'enfant, dans ces sortes d'ateliers, n'a rien de pénible assurément; mais on y emploie le plus ordinairement des enfants de 10 à 12 ans, très peu au-dessus et au-dessous de cet âge ; à la vérité, en hiver, la journée est, pour l'enfant comme pour l'adulte, seulement de 7 à 8 heures ; mais en été elle varie de 11 à 12 heures. Il y aurait donc lieu, au moins une partie de l'année, d'appliquer le système des relais, et avec un peu de persévérance, on parviendrait certainement à surmonter les obstacles qu'on ne peut manquer de rencontrer, quand il s'agit de changer des habitudes fortement enracinées.

Ce système des relais pourrait aussi à la rigueur être adopté dans les ateliers de tissage auxquels s'étendent les prescriptions de la loi, lorsqu'on voudrait y occuper des enfants de 8 à 12 ans ; la nature du travail ne s'y oppose pas absolument ; cependant il serait là d'une application plus difficile ; le travail de l'enfant s'harmoniserait moins aisément avec celui de l'adulte, et il en résulterait une plus grande perte de temps pour l'ouvrier, mais ces ateliers sont si peu nombreux que, quelle que soit l'opinion que l'on puisse avoir sur ce point, nous ne devons pas nous y arrêter davantage, la solution de la question étant pour nous sans utilité pratique.

A tous ces détails, qui répondent à une partie des questions que renferme la lettre de M. le Ministre du Commerce, j'ajouterai, pour être aussi complet que les renseignements qui me sont parvenus me le permettent, que dans tout le département, il est très rare qu'on emploie, pour quelque genre d'industrie que ce soit, des enfants de 8 à 12 ans, mais que certaines usines où la journée est constamment de 14 heures pour les ouvriers de tout âge et de tout sexe, occupent assez souvent des adolescents au-dessous de 16 ans et surtout de jeunes filles ; que c'est là, du reste, la seule infraction de la loi de 1841 qui m'ait été signalée (et encore n'est-elle commise que sur une très petite échelle) ; ensuite que nulle part dans la circonscription de la Chambre de Commerce de Nimes, l'enfant n'est obligé de faire un long trajet pour aller de la maison paternelle à l'atelier ; que la population est presque partout groupée autour des fabriques, et qu'elle suffirait selon toute apparence à leurs besoins là ou l'organisation des séries pourrait être reconnue nécessaire.

Tout ce qui précède nous amène naturellement à conclure que le projet de loi n'intéresse que bien faiblement les diverses industries du département du Gard, au moins en ce qui concerne le travail des enfants.

Nous ne pouvons en dire autant de la disposition qui limite à 12 heures la journée des femmes et des filles âgées de plus de 16 ans ; elle est au contrairepour nous de la plus haute importance.

Dans nos fabriques de lacets, dans nos ateliers d'ouvraison, les femmes et les filles travaillent toute l'année 14 heures par jour ; dans les filatures de soie, elles travaillent de 14 à 15 heures, mais seulement à une époque de l'année. Je ne pense pas que les deux premières industries aient réellement à souffrir d'une réduction dans la durée du travail ; pour elles, ce ne sera, selon moi, que la suppression d'un abus, et j'y applaudis de grand cœur ; mais il n'en est pas ainsi de la troisième qui est placée dans des conditions toutes particulières. On ne peut filer convenablement la soie que pendant la belle saison ; quand viennent les pluies et les brouillards, la soie se gomme, et n'a plus la pureté, la souplesse qu'exige la fabrication de certaines étoffes ; il faut donc profiter des beaux jours, sous peine de n'obtenir que de bien médiocres résultats. Voilà ce qui explique et justifie, tout à la fois, cette longueur de journée qui parait excessive au premier abord. Une exception en faveur des filatures de soie me semble donc commandée par une impérieuse nécessité. Cette exception, fondée sur la nature même des choses, correspondrait à celle que contient l'article 3 de la loi de 1841, où le législateur permet le travail de nuit aux adolescents âgés de plus de 13 ans dans les usines à feu continu, après l'avoir interdit d'une manière générale ; elle découlerait du même principe. Remarquez, Messieurs, que l'exception que consacre cet article, est bien autrement grave, qu'elle est bien plus opposée à la pensée protectrice du législateur ; car elle s'applique aux travaux les plus pénibles, à ceux qui excèdent le plus les forces de l'adolescent, et elle ne s'arrête pas à une époque déterminée ; tandis que celle dont il s'agit, s'appliquerait à un genre de travail assez doux qui ne peut nuire à la santé des ouvrières, aujourd'hui surtout que les filatures ne laissent rien à désirer sous le rapport de la salubrité, et ne serait en vigueur qu'une partie de l'année, pendant les mois de juin, juillet et août. Si elle n'était pas admise, la loi porterait un coup funeste à une industrie qui a pris dans nos contrées un développement immense, et qui fait la richesse de notre département, au double point de vue agricole et manufacturier.

CONCLUSIONS.

En résumé, Messieurs, je vous propose :

1.° De repousser le système du projet du Gouvernement d'une part comme impraticable à cause de la trop grande extension qu'il donne au domaine de la loi, de l'autre comme contraire aux véritables intérêts des jeunes travailleurs par les nouvelles conditions qu'il leur impose ;

2.° D'émettre un avis entièrement favorable au projet de la commission de la Chambre des Pairs pour tout ce qui est relatif aux enfants ;

3.° D'approuver formellement la disposition additionnelle concernant les femmes et les filles âgées de plus de 16 ans, mais en demandant qu'une exception soit faite à cette disposition en faveur des filatures de soie, qui devront être autorisées à dépasser de deux heures, durant les mois de juin, juillet et août, la limite fixée par la loi quant à la durée du travail.

J'espère que vous adopterez ces conclusions (1).

Me voici, Messieurs, arrivé à la fin de ma tâche ; c'est avec bonheur, je l'avoue, que je me suis livré à une étude approfondie de la question qui nous occupe ; plus je l'ai méditée, plus j'ai été frappé de son importance et de l'étendue du bien que devait produire une bonne loi sur cette matière, plus enfin l'œuvre de la commission de la Chambre des Pairs m'a paru digne de vos suffrages.

Malgré les graves dissidences qu'accusent les modifications qu'elle a fait subir au projet de loi du Gouvernement, cette commission l'a hautement remercié d'avoir appelé de nouveau l'attention du législateur sur la solution d'un des problèmes les plus difficiles et les plus intéressants de l'économie sociale. Imitons-la, Messieurs,

(1) Ces conclusions ont été adoptées à l'unanimité par la Chambre de Commerce.

car de cette nouvelle élaboration d'une loi si éminemment utile, sortira, j'en ai la ferme confiance, un grand bienfait pour les classes ouvrières, qu'elle est surtout destinée à régénérer par la moralisation de l'enfance. Que les Chambres restent fidèles aux principes posés dans la loi de 1841, qu'elles refusent avec une inflexible fermeté d'y porter la plus légère atteinte, qu'elles se montrent bien décidées à ne pas rétrograder dans la voie où elles sont entrées, et, forte de l'autorité qu'elle aura reçue d'une double sanction, cette loi qu'elles auront marquée du sceau d'une volonté persévérante, cette loi que d'heureuses améliorations auront rendue plus chère encore aux amis de l'humanité, sera exécutée sérieusement, et nous verrons enfin se réaliser les consolantes espérances qu'elle avait d'abord fait concevoir.

Un jour, Messieurs, n'en doutez pas, l'industrie elle-même bénira la pensée providentielle du législateur qui, en la prémunissant contre les excès d'une liberté sans frein et sans limites qui fut toujours pour elle un présent funeste, en lui donnant des ouvriers non-seulement plus forts, plus robustes, plus vigoureux, mais encore plus soumis, plus dociles, plus attachés à leurs devoirs, aura plus fait pour sa prospérité que s'il eût cédé à d'aveugles résistances.

Puisse une loi si précieuse n'être que le premier anneau d'une chaîne bienfaisante qui du faible enfant remonte jusqu'au vieillard usé par le travail, et embrasse, pour les soulager, toutes les misères, toutes les souffrances du peuple ! Puisse le Gouvernement ne pas oublier que les tristes effets de l'exploitation abusive de l'enfance, ne forment qu'un douloureux épisode de la situation générale des populations manufacturières, et qu'il est d'autres maux non moins graves qui réclament de prompts et d'efficaces remèdes !

Dans une mémorable discussion, l'illustre orateur que j'ai déjà cité, M. de Lamartine, a prononcé à la Chambre des Députés ces belles paroles qui honoreront à jamais la tribune française, et qui devraient être gravées dans le cœur de tous les hommes d'Etat : « Faisons entrer la » charité dans nos lois ; mettons à l'ordre du jour les » saintes inspirations de l'amour du pauvre ! » Que ce cri d'une âme généreuse soit entendu dans les hautes régions du pouvoir, et la face de la société sera bientôt renouvelée.

---

www.ingramcontent.com/pod-product-compliance
Lightning Source LLC
LaVergne TN
LVHW052021160826
845678LV00003B/1156

* 9 7 8 2 3 2 9 6 3 5 8 9 7 *